EXTENDED ALPHABETS

EXTENDED ALPHABETS

100 Complete Fonts

Selected and Arranged by

DAN X. SOLO

from the
Solotype Typographers Catalog

Dover Publications, Inc., New York

RE!NHARD
KN⁰BeLsPIES

Copyright © 1992 by Dover Publications, Inc.
All rights reserved under Pan American and International Copyright Conventions.

Published in Canada by General Publishing Company, Ltd., 30 Lesmill Road, Don Mills, Toronto, Ontario.
Published in the United Kingdom by Constable and Company, Ltd., 3 The Lanchesters, 162-164 Fulham Palace Road, London W6 9ER.

Extended Alphabets: 100 Complete Fonts is a new work, first published by Dover Publications, Inc., in 1992.

DOVER *Pictorial Archive* SERIES

This book belongs to the Dover Pictorial Archive Series. You may use the letters in these alphabets for graphics and crafts applications, free and without special permission, provided that you include no more than six words composed from them in the same publication or project. (For any more extensive use, write directly to Solotype Typographers, 298 Crestmont Drive, Oakland, California 94619, who have the facilities to typeset extensively in varying sizes and according to specifications.)

However, republication or reproduction of any letters by any other graphic service, whether it be in a book or in any other design resource, is strictly prohibited.

Manufactured in the United States of America
Dover Publications, Inc., 31 East 2nd Street, Mineola, N.Y. 11501

Library of Congress Cataloging-in-Publication Data

Solo, Dan X.
    Extended alphabets : 100 complete fonts / selected and arranged by Dan X. Solo from the Solotype typographers catalog.
       p.   cm. — (Dover pictorial archive series.)
    ISBN 0-486-27334-2 (pbk.)
    1. Type and type-founding—Expanded type. 2. Printing—Specimens.
3. Alphabets. I. Title. II. Series.
Z250.5.E86S65 1992
686.2'24—dc20   92-21867
                                                                                 CIP

Adriana Wide

ABCDEFG
HIJKLMNOP
QRSTUVW
XYZ&;!?

abcdefghi
jklmnopqr
stuvwxyz

1234567890

Antique Olive Nord

ABCDEFGHI
JKLMNOPQR
STUVWXYZ
&;!?$

abcdefghij
klmnopqrs
tuvwxyz

1234567890

ANVIL

ABC
DEFG
HIJK
LMNO
PQRS
TUV
W
XYZ

ARMADILLO

ABCDEFG
HIJKLMN
OPQRSTU
VWXYZ

&;!

1234
567890

ASSAY FAT

ABCDE
FGHIJ
KLMN
OPQRS
TUVW
XYZ

&$!

12345
67890

Astrid Sans

ABCDE
FGHIJKL
MNOPQR
STUVW
XYZ

abcdefg
hijklmnop
qrstuvw
xyz

Birthday Script

ABCDEFGH
IJKLMNOPQ
RSTUVWXYZ

abcdefghijklmn
opqrstuvwxyz

1234567890

BLACKJACK

ABCDEFGHIJ
KLMNOPQR
STUVWXYZ
1234567890
&;!?$

Block Schwer Breit

ABCDEFGH
IJKLMNOPQ
RSTUVWX
YZ&;!?

abcdefghi
jklmnopqrs
tuvwxyz

$

1234567890

BOULDER SOLID

ABCDEF
GHIJKL
MNOPQ
RSTUV
WXYZ

&;!?

Cheltenham Bold Extended

ABCDEFGHIJ
KLMNOPQRST
UVWXYZ

&;!?

abcdefghijklmn
opqrstuvwxyz

$1234567890

Chisel Expanded

ABCDEF
GHIJKLM
NOPQRS
TUVWX
YZ&;?!

abcdefghij
klmnopqr
stuvwxyz

1234567890$

Clarendon Special

ABCDEFG
HIJKLMNO
PQRSTUV
WXYZ&,!?

abcdefghijk
lmnopqrst
uvwxyz

$123
4567890

CORPORATE GOTHIC

ABCDEFGHI
JKLMNOPQR
STUVWXYZ

1234567890
&;?!$

DeVinne Extended

ABCDEFGHI
JKLMNOPQ
RSTUVWX
YZ&ÆŒ
æ (;-?!) œ
abcdefghijklm
nopqrstuvw
xyz
1234567890

Ebony Sans

ABCDEFG
HIJKLMNO
PQRSTUV
WXYZ &;!?

abcdefghi
jklmnopqr
stuvwxyz

12345678
$90¢

Egiziano Extended

ABCDEFGH
IJKLMNOPQ
RSTUVWX
YZ&;!?$

abcdefghi
jklmnopqrst
uvwxyz

1234567890

Egyptian Bold Extended

ABCDEFGH
IJKLMNOPQ
RSTUVWX
YZ&;!?

abcdefghijkl
mnopqrstu
vwxyz

$1234567890

Egyptian Expanded

ABCDEFG
HIJKLMN
OPQRSTU
VWXYZ

abcdefghij
klmnopqr
stuvwxyz

&,:!?

12345
67890

Egyptian Expanded Open

ABCDEFG
HIJKLMN
OPQRSTU
VWXYZ

abcdefghij
klmnopqrs
tuvwxyz

&;!?

12345
67890

Elegance

ABCDEFG
HIJKLMNO
PQRSTUV
WXYZ

abcdef
ghijklmn o
pqrstuvwxyz
$1234567890
&:;-'"!?

Erin Sans Serif

*ABCDEFGHIJ
KLMNOPQRS
TUVWXYZ*

*abcdefghijklmn
opqrstuvwxyz
&,:!?*

$1234567890

Eurostile Contour

AaBCDEeFG
HIJKLMMNn
OPQRrsTtu
UVWXYZ&;!?

abcdefghijklm
nopqrstuv
wxyz

$1234567890

Eurostile
Light Extended

ABCDEFGHIJ
KLMNOPQRS
TUVWXYZ

abcdefghijklmn
opqrstuvwxyz

&;!?$

1234567890

Falcon

ABCDEFGHIJ
KLMNOPQRST
UVWXYZ&;!?

abcdefghijklmn
opqrstuvwxyz

$1234567890

Falcon Light

ABCDEFGHIJK
LMNOPQRST
UVWXYZ&;!?

abcdefghijklmn
opqrstuvwxyz

$1234567890

Fleet Gothic

ABCDEFG
HIJKLMNO
PQRSTUV
WXYZ &;!?

abcdefghi
jklmnopqrs
tuvwxyz

12345678
$90¢

Ford Black

ABCDEFGHI
JKLMNOPQR
STUVWXYZ
&;:!?

abcdefghi
jklmnopqrs
tuvwxyz

$

1234567890

Ford Black Extended

ABCDEFGH
IJKLMNOP
QRSTUVW
XYZ&¡!?

abcdefghi
jklmnopq
rstuvwxyz

$12345
67890¢

Fox Gothic

ABCDEFG
HIJKLMNO
PQRSTUV
WXYZ&;!?

abcdefgh
ijklmnop
qrstuvw
xyz
123456789
$0¢

FRENCH IONIC EXTENDED

ABCDE FGHIJK LMNOP QRST UVWX YZ

1234567 890

GALEN

ABCDE
FGHIJK
LMNOP
QRSTU
VWXYZ
&&

12345
67890

Gerber Gothic

ABCDEFGHIJ
KKLMNOPQR
RSTUVWXYZ

aabcdefgghii
jjkklmnopqrr
sttuvwxyyz
&,;:!!??

1234567890
$0¢

Globe Gothic Extended

ABCDEFGH
IJKLMNOPQ
RSTUVWXY
Z&;!?

abcdefghi
jklmnopqrs
tuvwxyz

1234567890$

Harlem

ABCDEF
GHIJKLMN
OPQRST
UVWXYZ

&?$

abcdefghijkl
mnopqrstu
vwxyz

1234567890

Headline Script Extended

ABCDEFGHIJKL
MNOPQRSTUV
WXYZ&;!?

abcdefghijklmno
pqrstuvwxyz

$1234567890

HEAVY COPPERPLATE GOTHIC EXTENDED

ABCDEFG
HIJKLMNO
PQRSTUV
WXYZ &;!?

$123
4567890

Hellenic Wide

ABCDEFG
HIJKLMN
OPQRSTU
VWXYZ
&;!?
abcdefghij
klmnopqrs
tuvwxyz
$12
34567890

Helvetica Extrabold Extended

ABCDEFGHIJ
KLMNOPQRS
TUVWXYZ&;?
!

abcdefghijkl
mnopqrstu
vwxyz

$

1234567890

HORIZONTAL

ABCDEFG
HIJKLMN
OPQRSTU
VWXYZ

1
23456789
0

Kailey

ABCDEFGH
IJKLMNOP
QRSTUVW
XYZ&;!?

abcdefgh
ijklmnopq
rstuvwx
yz
123456
7890 $

KOLIBREE

ABCDE
FGHIJK
LMNOP
QRSTUV
WXYZ

&?!

1234
567890

KOLIBREE NO. 2

ABCDE
FGHIJK
LMNOP
QRSTUV
WXYZ

&.,?!

1234
567890

Korinna Black Expanded

ABCDEFGHI
JKLMNOPQR
STUVWXYZ

abcdefghijklm
nopqrstuvw
xyz&;!?

$1234567890

LAMBADA

ABCD
EFGHI
JKLM
NOPQ
RSTUV
WXYZ

&

123456
7890

Latin Not-So-Wide

ABCDEFGH
IJKLMNOP
QRSTUVW
XYZ&;!?$

abcdefghijkl
mnopqrstu
vwxyz

1234567890

Latin Wide

ABCDEF
GHIJKLM
NOPQRST
UVWXYZ
&;!?
abcdefghij
klmnopqrs
tuvwxyz
$12
34567890

Latin Wide Outline

ABCDEF
GHIJKL
MNOPQR
STUVW
XYZ&;!?
abcdefghi
jklmnopq
rstuvwx
yz$123
4567890

Mitford

ABCDEFGHIJ
KLMNOPQRST
UVWXYZ&;?!

abcdefghijklmn
opqrstuvwxyz

$1234567890

Montalban

ABCDEFGH
IJKLMNO
PQRSTUVW
XYZ
(&;-'!?)

abcdefghijk
lmnopqrstuv
wxyz

1234567890

Moulin

ABCDEFGHIJK
LMNOPQRST
UVWXYZ
&;!?
abcdefghijklm
nopqrstuv
wxyz

$1234567890

Newtext Demibold

ABCDEFGHIJ
KLMNOPQRST
UVWXYZ&;!?

abcdefghijklm
nopqrstuv
wxyz

$1234567890

Nubian

ABCDEFG
HIJKLMNO
PQRSSTU
VWXYZ&

abcdefghijkl
mnopqrstu
vwxyz

1234567890$

OCTIC EXTENDED

ABCDEFG
HIJKLMN
OPQRST
UVWXYZ
&;!$

12345
67890

Olympic Wide

ABCDEFG
HIJKLMNO
PQRSTU
VWXYZ

abcdefghi
jklmnopqr
stuvwxyz

1234567
890

Osaka Script

ABCDEF
GHIJKLM
NOPQRS
TUVWXYZ

abcdefghijklmn
opqrstuvwxyz

$&;!?¢

1234567890

Penzance Extended

ABCDEFGHIJ
KLMNOPQR
STUVWXYZ

abcdefghijkl
mnopqrst
uvwxyz

&;!?

1234567890

Pietro

ABCDEFG
HIJKLMN
OPQRSTU
VWXYZ
&;!?
abcdefghi
jklmnopq
rstuvwxyz
$12345
67890

Plato Bounce Extended

ABCDEFGH
IJKLMNOP
QRSTUVW
XYZ&;!?

abcdefghijkl
mnopqrstuv
wxyz

$1234567890

Plimpton

ABCDEFGH
IJKLMNOPQ
RSTUVWXYZ
&;?!
abcdefghijkl
mnopqrst
uvwxyz
$1234567890

Portly

ABCDEFGHIJ
KLMNOPQRS
TUVWXYZ
&;!?

abcdefghijkl
mnopqrstuv
wxyz

$1234567890

Potomac Latin

ABCDEFGHI
JKLMNOPQR
STUVWXYZ
&;!?

abcdefgghijkl
mnopqrstuv
wxyz

$1234567890

Poynder Bold Extended

ABCDEFGHIJ
KLMNOPQRSS
TUVWXYZ
&;!?
abcdefghijkl
mnopqrsstuv
wxyz

1234567890

Primus

ABCDEF
GHIJKLM
NOPQRS
TUVWX
YZ&;!?

abcdefgh
ijklmno
pqrstuv
wxyz$123
4567890

Privateer

A A B C D D E
E F G H I J K L
M M N O P
Q R S T T U V
W X Y Z

a b c d e f g h i j k l m
n o p q r s t u v w x y z

1 2 3 4 5 6 7 8 9 0

REEF

ABCDEFG
HIJKLMN
OPQRSTU
VWXYZ
&;!?

$1234567890

Rich Roman

ABCDEFGH
IJKLMNOP
QRSTUV
WXYZ&;!?
abcdefghijk
lmnopqrst
uvwxyz
1234567890

Ridge

ABCDEFG
HIJKLMN
OPQRSTU
VWXYZ

abcdefghij
klmnopqr
stuvwxyz

&;!?

$1234567890

Rose

ABCDEF
GHIJKL
MNOPQ
RSTUVW
XYZ&:!?

abcdefgh
ijklmno
pqrstuv
wxyz$12
34567890

Royal

ABCDEFG
HIJKLMN
OPQQRST
UVWXYZ

&:;!?

abcdefghi
jklmnop
qrstuvw
xyz

1234567890

Ruth Roman

ABCDEFG
HIJKLMNO
PQRSTUV
WXYZ&;!?

abcdefghijk
lmnopqrst
uvwxyz

$1234567890

Sat Modern

ABCDEFGHIJ
KLMNOPQR
STUVWXYZ

abcdefghijklmno
pqrstuvwxyz

0

1234567890

Serpentine Medium Extended

ABCDEFGHIJ
KLMNOPQRS
TUVWXYZ
&;!?

abcdefghijk
lmnopqrst
uvwxyz

$
1234567890

SHELDON

ABCD
EFGHI
JKLM
NOPQ
RSTU
VWX
YZ&

SPENCER BOLD WIDE

ABCDEFG
HIJKLMNO
PQRSTUV
WXYZ
&;!?
◁▷
$12
34567890

SPENCER WIDE

ABCDEFG
HIJKLMNO
PQRSTUV
WXYZ
&;!?

$12
34567890

Sphinx Extended

ABCDEFGH
IJKLMNOP
QRSTUVW
XYZ&;!?

abcdefghij
klmnopqr
stuvwxyz

$

1234567890

Sphinx Italic Extended

ABCDEFGH
IJKLMNOP
QRSTUVW
XYZ&;!?$

abcdefghij
klmnopqrst
uvwxyz

1234567890

Surf

ABCDEFGH
IJKLMNOP
QRSTUVW
XYZ&:!?

abcdefghij
klmnopqrs
tuvwxyz

$
1234567890

THERMO 400

ABCDE
FGHIJKL
MNOP
QRSʃTU
VWXY
Z
&;!?
1234567
890$

THUNDERBIRD

ABCDE
FGHIJK
LMNOP
QRSTU
VWXY
Z&;?!

$12345
67890

Trio Fatface

ABCDEF
GHIJKLM
NOPQRST
TUVWXY
Z&;!?$

abcdefghi
jklmnopq
rstuvwxyz
12
34567890

Venus Extrabold Extended

ABCDEFGHI
JKLMNOPQ
RSTUVWXYZ
&;!?$

abcdefghijkl
mnopqrstuv
wxyz

1234567890

Vero Fat

AABCDEFG
HIJKKLMNO
PQRSTUVU
WWXXYYZ

&:!?

abcdefghijkl
mnopqrstuv
wxyz

1234567890

Video

ABCDEFGHIJ
KLMNOPQRST
UVWXYZ&;!?

abcdefghijk
lmnopqrstu
vwxyz

$1234567890

Vigil

ABCDEFGHI
JKLMNOPQR
STUVWXYZ

abcdefghij
klmnopqrs
tuvwxyz

&;!?

$1234567890

Vineta 70

ABCDEFGHI
JKLMNOPQ
RSTUVWXY
Z;!?

abcdefghij
klmnopqr
stuvwxyz

1234567890$

Vitality

ABCDEFGHIJ
KLMNOPQRST
UVWXYZ&;!?

abcdefghijkl
mnopqrstu
vwxyz

.

$1234567890

Walnut

ABCDEFGH
IJKLMNOP
QRSTUVW
XYZ&;!?$

abcdefghij
klmnopqrs
tuvwxyz

1234567890

Waltz Wide

ABCDEFGH
IJKLMNOPQ
RSTUVWX
YZ&;!?

abcdefghijkl
mnopqrst
uvwxyz

$1234567890

Wand

ABCDEFG
HIJKLMN
OPQRSTU
VWXYZ
&;!?$

abcdefghij
klmnopqrs
tuvwxyz

1234567890

Warden

ABCDEFG
HIJKLMNO
PQRSTUV
WXYZ&;!?

abcdefghi
jklmnopq
rstuvwxyz

1234567890

Waring Wide

ABCDEFGH
IJKLMNOP
QRSTUV
WXYZ

abcdefghijkl
mnopqrstu
vwxyz
&;!?$
1234567890

Wave

ABCDEFGHI
JKLMNOPQR
STUVWXYZ
&;!?

abcdeffghi
jklmnopqrst
uvwxyz

$1234567890

Western

ABCDEFG
HIJKLM
NOPQRST
UVWXYZ

abcdefghijk
lmnopqrstu
vwxyz&;!?

$1234567890

Wheat

ABCDEF
GHIJKL
MNOPQR
STUVWX
YZ&;!?
abcdefghij
klmnopqr
stuvwxyz

$12345
67890¢

Whiz

ABCDEFGH
IJKLMNOPQ
RSTUVW
XYZ&;!?

abcdefghij
klmnopqrst
uvwxyz$
1234567890

Wide Texan

ABCDEFG
HIJKLMN
OPQRSTU
VWXYZ

abcdefghi
jklmnopq
rstuvwxyz

&,!?$

123456
7890

Woody

ABCDEFG
HIJKLMNO
PQRSTUV
WXYZ&;!?

abcdefghi
jklmnopqr
stuvwxyz

$
1234567890

ZINC WOOD

ABCDE
FGHIJ
KLMNO
PQRS
TUVW
XYZ
&!$
123456
7890